# RELATION

## DU

# VOYAGE EN FRANCE

## DE SI SLIMAN-BEN-SIAM

# RELATION

## DU

# VOYAGE EN FRANCE

## DE SI SLIMAN-BEN-SIAM

# RELATION

## DU

# VOYAGE EN FRANCE

## DE

## SI SLIMAN-BEN-SIAM

ALGER

IMPRIMERIE DU GOUVERNEMENT

1852

# RELATION

## DU

# VOYAGE EN FRANCE

### DE

## SI SLIMAN-BEN-SIAM

❖

ALGER

IMPRIMERIE DU GOUVERNEMENT

1852

# RELATION
# DU VOYAGE EN FRANCE

DE

## SI-SLIMAN BEN-SIAM.

Au nom de Dieu, clément et miséricordieux ; c'est son secours que nous implorons.

Nous rendons à Dieu les hommages qui lui appartiennent et la reconnaissance qui est due à sa bonté et à ses grâces. Louange à l'Être suprême qui nous a faits maîtres de la terre et nous a permis d'en parcourir toutes les parties et de jouir de toutes ses productions ! Louange à lui qui, mettant les navires à notre service, leur a donné l'ordre et les moyens de courir sur la mer ! Nous le prions de remplir l'Afrique entière de la gloire et de la renommée de Monseigneur le Prince Louis-Napoléon.

Pour entrer en matière, l'humble serviteur de Dieu, celui qui a besoin de la miséricorde céleste, Sliman, fils de Siam dit :

Le Tout-Puissant ayant décidé que je devais aller visiter les pays du Nord, remplis de nombreuses beautés et de perfections, je reçus un ordre à cet effet d'une personne envers laquelle l'obéissance est un devoir, diamètre et pôle de l'Algérie, le seigneur du jugement droit et de la bonté infinie, le vaillant combattant, le gouverneur-général Randon.

1

Puisse la Providence veiller toujours sur lui et le préserver de la méchanceté des envieux !

Le jour où cet ordre me fut transmis, fut pour moi un jour de fête. Partant aussitôt de Milianah, lieu de mon séjour, j'arrivai à Alger la brillante, que Dieu la protège, le 24 avril de l'an 1852 de l'ère chrétienne, d'après laquelle je compterai dans le courant de ce récit.

Un grand nombre de Chefs arabes avaient reçu le même ordre que moi. Ceux des provinces d'Oran et de Constantine avaient été également conviés. Je faisais donc partie de cette noble réunion dont la mission était d'assister à la distribution des drapeaux faite aux chefs de l'armée, dans une journée solennelle.

Nous partions dès le lendemain pour Cette. Nous obtînmes auparavant de présenter nos devoirs à S. E. le Gouverneur-Général, dont la bonté est inépuisable. Elle se manifesta par une dernière faveur, en plaçant à notre tête, pendant le voyage que nous allions accomplir, l'officier le plus élevé dans la direction des affaires de notre pays, M. le colonel Durrieu.

Quand, après notre embarquement, je me vis sur la plaine liquide, je me rappelai les vers du poète :

*Vois le navire dont l'aspect est ravissant et qui dépasse les vents par la rapidité de sa course,*

*On le dirait un oiseau qui, les ailes déployées, vient du Ciel pour se poser sur la surface de l'eau.*

Nous arrivâmes à Cette, dans la soirée du 27 avril, et nous y passâmes la nuit. Il nous fut impossible de voir les beautés qu'elle renferme, parce qu'il fallut en partir dès le matin pour Montpellier, en voiture à vapeur, sur le chemin de fer. J'en donnerai une description abrégée. Sur toute l'étendue de la route on a posé bout à bout des barres de fer, solidement maintenues par des brides de même nature, et parfaitement de niveau, sur lesquelles les voitures sont entraînées à l'aide d'un procédé fort ingénieux. Elles sont placées sur les deux côtés de la voie, un peu élevées au-dessus du sol, recourbées dans leur partie inférieure et dans la partie supérieure, munies d'une rainure calculée de façon que les roues des voitures viennent s'y emboîter exactement.

L'aspect de ce genre de route est une chose admirable. L'art des ingénieurs les maintient dans le niveau le plus exact, et quand une montagne s'oppose à leur tracé, ils la font passer en-dessous. Nous avons vu, à notre retour de Paris, un de ces passages souterrains, dont les parois et la voûte sont revêtues en pierres de taille. La voiture, lancée à grande vitesse, met six minutes pour le franchir. Elle le parcourt sans faire éprouver la moindre fatigue aux voyageurs, avec la rapidité de l'éclair que la vue ne peut suivre ; un cavalier aurait une heure et demie à marcher pour faire le même chemin, car l'espace qu'il mettrait une journée entière à franchir, peut l'être en une heure par ces voitures. Celle qui donne l'impulsion est comme les autres, mais en fer, et munie d'une machine semblable, à ce que l'on dit, à celles qui mettent en mouvement les bateaux à vapeur. On se sert pour la chauffer d'une pierre noire, particulière à certains pays, extrêmement lourde, à laquelle on donne le nom de charbon de terre. C'est la même substance qu'on emploie pour les bateaux à vapeur de l'Océan et des rivières. Cette première voiture en entraîne après elle plus de soixante autres, qui peuvent contenir chacune jusqu'à seize personnes. Elle marche, sans le secours des chevaux, par le seul moyen de la vapeur, et avec une rapidité extrême. C'est une admirable invention, mais qu'on ne peut bien apprécier qu'en la voyant.

"Dès le même jour, 27 avril, nous fûmes présentés par M. le colonel Durrieu au général qui y commande et qui nous accueillit avec une grande bienveillance. Il nous fit conduire par un de ses officiers dans un jardin délicieux, endroit charmant, que nous trouvâmes rempli d'arbres, de fleurs, de kiosques et d'eaux jaillissantes; on le nomme Pérou. Nous y remarquâmes un courant d'eau, qui est porté sur des arcades à une grande hauteur, et s'alimente à une montagne que le gardien du jardin nous fit voir, et nous dit éloignée de 36 heures de la ville. Nous ne quittâmes ces lieux que pour rentrer à notre logement, et reprîmes le lendemain le chemin de fer d'Avignon où nous arrivâmes dans la même journée. Cette ville renferme un édifice d'une solidité extraordinaire, où se trouve une salle affectée jadis à la réunion des papes et des docteurs de la religion chrétienne. L'imagination est éblouie par l'aspect de cette construction non moins remarquable par la solidité que par la hauteur des murailles.

Le 1er mai, nous partîmes d'Avignon pour Valence, en bateau à vapeur, sur un fleuve large de plus de mille coudées et dont les bords sont protégés par des travaux d'art. On y voit des ponts nombreux, assez élevés pour laisser passer les bateaux, et construits en fils de fer avec un art admirable Nous ne passâmes qu'une nuit à Valence; mais nous eûmes le temps d'y voir une partie de cette armée sur laquelle nul ennemi ne saurait l'emporter. Il nous fut d'ailleurs impossible de visiter en détail cette localité. De cette ville jusqu'à Lyon le fleuve présente le même encaissement des rives, la même grande quantité de ponts, de bâteaux à vapeur, de châteaux-forts sur les bords. Cette série d'objets se reproduisait sans interruption à nos regards.

Lyon, où nous sommes entrés le 2 mai, est très-vaste et très-riche, et peut être considérée comme la seconde capitale de la France. Elle renferme des palais, des églises, des jardins ; elle est traversée par deux rivières qu'on franchit sur de nombreux ponts en fer. Les yeux n'ont vu jamais, les oreilles n'ont jamais entendu rien de semblable. Les habitants nous y ont fait l'accueil le plus parfait ; leurs paroles, leur empressement nous témoignaient du plaisir qu'ils avaient à nous recevoir. Nous y avons visité une vaste église, ornée avec une rare magnificence, et d'une construction très-solide et très-élevée. Un autre établissement, appelé musée, renferme des figures sculptées en marbre précieux, et des peintures si parfaites, qu'il ne leur manque que la parole, et que, par un singulier effet de l'art, elles semblent vous suivre du regard partout où l'on se place. Il s'y trouve aussi, dans un coffre de verre, un homme mort, dont les cheveux, la barbe et les dents sont parfaitement conservés, bien que la peau soit desséchée jusqu'aux os. On nous apprit qu'il avait été trouvé en Egypte, où il était enterré depuis plus de 3000 ans.

Nous visitâmes également le Palais de Justice, qu'à lui seul on prendrait pour une ville, s'il était isolé. Sa grandeur son élévation, sa beauté, l'excellence de ses ornements, de ses salles, de ses membres , passera tout ce qu'on en pourrait dire.

Malgré la grande population de Lyon , on n'y remarque pas un individu oisif , et l'aisance de ses habitans est fort grande. Cela tient à ce qu'ils s'occupent des arts utiles, tels que la filature de la soie et de l'or, pour laquelle ils font usage de métiers très-compliqués. On sait du reste que ce peuple est célèbre par ses fabriques.

Nous quittâmes cette ville le 4 mai , dans un bateau à vapeur remontant jusqu'à Châlons une rivière semblable à celle que nous avons décrite précédemment, et qui charme le cœur par la beauté de ses rives. Nous nous rendîmes ensuite de Châlons à Paris, par le chemin de fer. Pendant le voyage, je remarquai, sur le bord de la route, cinq ou six fils de fer, plus minces que le petit doigt, suspendus à environ deux coudées de hauteur, et soutenus par des poteaux de place en place. Je m'informai de ce que ce pouvait être. On me dit que l'une des extrêmités de ces fils était à Paris, l'autre à Lyon, et qu'ils servaient à faire passer, de l'une à l'autre de ces deux villes, des nouvelles en un clin-d'œil. De sorte que deux amis qui s'y trouveraient placés, pourraient entretenir une conversation, bien que séparés par une distance de 119 lieues françaises. J'ignore comment cela se peut faire, n'ayant point remarqué sur ces fils les mouvemens qu'on observe sur le télégraphe dans notre pays d'Alger.

L'aspect de ces merveilles me pénétrait plus que jamais de la puissance de Dieu, par qui tout arrive.

En somme, depuis notre entrée en ce pays, nous n'avions pas traversé un seul endroit qui ne fût planté ou ensemencé,

couvert de nombreux arbres fruitiers, de vastes ombrages,
plein des beautés les plus douces et les plus accomplies. Il
s'y joignait l'état florissant, la propreté, la multiplicité des
villes et villages, dont le nombre est tel que la plume et la
langue se fatigueraient à compter ce que nous en rencon-
trions en une heure. Ce n'était qu'une chaîne de villes
touchant les unes aux autres, et que par un effet de la rapi-
dité de notre course nous étions portés à confondre en une
seule. Ajoutez à cela l'aspect des grandes routes sur les-
quelles les voyageurs cheminent constamment à l'ombre des
rangées d'arbres qui les bordent. Ces arbres. ces fleurs, ces
ombrages, ces jardins me rappelaient les vers du poète El-
Bohtori décrivant la ville de Damas :

*Damas nous a montré toute ses beautés, elle a pleinement
rempli les promesses que nous en faisaient ses admirateurs.*

*Celui qui le veut peut rassasier ses regards de l'aspect d'une
ville charmante et s'enivrer d'un climat aussi plein de charmes
qu'elle.*

*Les nuages passent en légères bandes sur ses montagnes ;
les plantes s'élancent par touffes jusque dans ses déserts.*

*On n'y voit qu'une végétation luxuriante, des fruits savou-
reux, des oiseaux mélodieux.*

*On croirait que c'est le printemps et l'été qui se succèdent
et se confondent.*

Quand l'on considère à quel point les habitants de la
France sont adonnés à la culture des terres et aux planta-
tions d'arbres, combien ils recherchent la propreté et l'élé-
gance dans leurs constructions, avec quels soins ils cultivent
le commerce et les arts, on y trouve une preuve éclatante
de la sagesse de leur esprit et de l'impulsiou de leur gou-

vernement, dont l'équité est célèbre. Un ami, d'une véracité connue, m'a assuré qu'une femme pouvait, seule, entreprendre le voyage d'une extrêmité à l'autre du pays, par terre comme par eau, sans avoir à redouter d'insulte ni de vol, alors même qu'elle serait couverte d'or et de rubis. Nul n'y songe à dépouiller le voyageur sur les routes ; la tranquillité, la paix et la prospérité règnent partout.

Ce fut le 4 mai que nous entrâmes à Paris. Il nous apparut supérieur à toute description, rempli de beautés qu'il serait impossible de célébrer dignement, quand on y emploierait des années. Nous y trouvâmes les chefs arabes des provinces d'Oran et de Constantine, et nous fûmes logés tous ensemble dans un hôtel vaste et opulent que le Gouvernement avait désigné pour nous recevoir, et qu'on nomme *Hôtel des Princes*.

A peine arrivé, je commençai à visiter la ville. Sa forme remarquable, sa superbe construction, ses habitants de toutes classes, son fleuve, ses ponts, ses jardins, ses arbres, ses fontaines, la pureté de son atmosphère attiraient tour-à-tour mon attention. J'étais frappé de la hauteur des maisons et de leur beauté, de l'aspect des palais des souverains, de l'hôtel ou l'on frappe les monnaies, des théâtres, maisons d'agrément et d'amusement pour la population, du local où sont rassemblées et entretenues toutes les espèces d'animaux, de toutes les merveilles enfin que renferme cette ville. Je demandais des renseignements sur les bibliothèques si célèbres par la variété des ouvrages qui y sont réunis, sur tous les sujets et dans toutes les langues. Je m'informais des soins qu'on donne à la guerre, du nombre des troupes, de

la soumission du peuple aux ordres de l'autorité, de l'admi-
nistration de la justice envers tout le monde.

La forme de Paris m'a paru allongée ; son étendue per-
met de regarder cette ville comme une des plus populeuses
de la terre : elle compte en effet 1, 200,000 habitants. Elle
est, pour le moment, la plus grande ville et la capitale de
la France. Le peuple qu'elle renferme se distingue par la
finesse d'esprit, la netteté d'intelligence, l'aptitude géné-
rale à toutes les affaires.

*Les discours des voyageurs nous en avaient fait connaître
les grandes qualités.*

*Mais Dieu m'est témoin qu'en les voyant, nous avons recon-
nu que nos oreilles ne nous avaient pas appris la moitié de ce
qui s'offrait à nos yeux.*

Peu disposés à admettre sans discussion les traditions de
leurs devanciers, ils se montrent en tout désireux de con-
naître la nature réelle des choses et d'en étudier les causes.
C'est à ce point que les gens du peuple, bien différents chez
eux de ceux des autres nations, s'y occupent des questions
les plus graves et cherchent à les approfondir autant que le
leur permet leur capacité. Toutes les sciences , tous les
arts, jusqu'aux arts manuels, y étant l'objet de nombreux
traités, les artisans eux-mêmes sont obligés de connaître la
lecture et l'écriture, pour se perfectionner dans celui qu'ils
cultivent. Chacun d'eux s'efforce d'ailleurs d'y introduire
quelqu'invention nouvelle ou quelque perfectionnement à
ce que d'autres ont inventé, afin de mériter des éloges pen-
dant sa vie, et de laisser après sa mort une belle renommée.
C'est l'idée qu'a si bien exprimée Ibn-Doreid dans son
poème appelé le Macsoura lorsqu'il dit :

*L'homme après sa mort n'est qu'un souvenir : sois donc un beau souvenir pour ceux qui doivent te survivre.*

Telle est l'impression générale que nous avons rapportée de cette glorieuse nation ; nous y joindrons quelques mots sur le caractère de celui qui la gouverne, Monseigneur le Prince-Président. Nous dirons que c'est un grand prince, branche de princes, célèbre pour sa justice et sa bravoure, d'une si éminente dignité qu'il serait superflu de la rappeler, d'une gloire qui se passe d'éloges. Cavalier accompli , brave et habitué à revenir à la charge , renommé pour ses inspirations audacieuses et pour la fermeté de ses résolutions , tel est Monseigneur Louis - Napoléon Bonaparte ; que Dieu prolonge sa vie et fasse durer sa fortune.

*Il a hérité de la bravoure de son oncle et de son père, au point qu'on dirait que ces princes sont encore vivants parmi nous.*

*La faveur divine a réuni en lui la générosité, la supériorité imposante, la libéralité, l'intrépidité et la noblesse d'âme.*

*Il a droit à tous les genres de gloire.*

Aussi puisse Dieu récompenser la nation française d'avoir fait monter sur le coursier celui qui sait le faire courir, et confié l'autorité de l'empire à celui qui sait l'exercer dans toute sa plénitude.

Parmi les Ministres et les principaux personnages de l'État, hommes de bien, esprits d'élite, nous citerons le ministre de la guerre, M. le général de St.-Arnaud, dont nous avons vu briller au milieu de nous les grandes qualités militaires, la résolution, l'habileté administrative, les talents de commandement. Libéral, doux de parole, aimant la gloire et aimé d'elle, puisse Dieu lui accorder une longue carrière.

*Il est de ces hommes qui savent donner à leurs paroles la réalité des faits, accorder leur appui à qui les implore, et leurs bienfaits à qui les mérite.*

*De pareils hommes impriment à leurs actions un cachet que le talent même ne saurait imiter.*

Les noms d'autres personnages éminents trouveront naturellement leur place dans le cours de notre récit ; nous reprendrons pour le moment la description de la ville.

Une grande rivière la traverse ; on l'appelle la Seine. Ses eaux excellentes et salubres forment trois îles dans l'intérieur même de la ville, et portent de grands bateaux lourdement chargés. Ses bords sont revêtus de murailles solides et bien entretenues, formant parapet du côté de la ville, et s'élevant de deux tailles d'homme environ au-dessus de l'eau. On la franchit par seize ponts, dont l'un, appelé le pont du jardin des plantes, n'a pas moins de quatre cents pieds de longueur sur trente-sept de largeur. Sa construction exigea, à ce qu'on prétend, cinq années de travaux, et trente millions de francs de dépense. Il fut érigé pour consacrer la mémoire d'une victoire que Napoléon remporta, le jour anniversaire de son couronnement, sur les puissants empereurs de Russie et d'Allemagne. C'est pour cela qu'on l'appelle aussi *Pont d'Austerlitz*, du nom de la bataille dont il éternise le souvenir.

En face se trouve le jardin des plantes, destiné par le gouvernement à recevoir toutes les espèces d'animaux, d'arbres et de plantes. Nous allâmes le visiter. D'un côté sont les animaux sauvages, éléphants, lions, tigres, rhinocéros, hyènes et nombre d'autres qu'il serait trop long de nommer. Plus loin, une serre immense, vaste jardin couvert d'une toiture en verre, réunit tous les arbres inconnus aux pays froids, tels que palmiers et autres. Afin de leur procurer la chaleur nécessaire à leur végétation, on entretient dans l'intérieur de ce local des feux qui y maintiennent une température comparable à celle de nos bains. Nous restâmes dans cette serre assez longtemps pour voir tout ce qu'elle renferme, et pour nous convaincre qu'il est peu de choses aussi admirables.

On nous fit visiter tour-à-tour les établissements où se donnent les jeux publics. Le premier où l'on nous conduisit est un grand édifice, très-vaste et très-solide. Les spectateurs en garnissaient l'intérieur, hormis une partie, moins élevée que le reste du local, et réservée pour les acteurs. Ceux-ci attendirent pour commencer que le peuple fût assemblé. Nous y vîmes un arbre qui sortit graduellement de terre jusqu'à ce qu'il eût atteint toute sa hauteur ; il se garnit de branches et de feuillages, et nous montra en guise de fleurs des femmes qui riaient et jouaient et gazouillaient entre elles. Ce n'était qu'une fiction, mais elle nous parut ravissante.

Dans un autre endroit, nommé l'Hippodrôme, nous assistâmes à des exercices équestres extraordinaires. Debout sur deux d'entre eux, une femme guidait six chevaux lancés au galop ; et pendant cette course rapide, dont leur ordre n'était point dérangé, elle passait alternativement sur le dos des uns aux autres. Nous vîmes ensuite trois hommes qui montèrent dans les airs assez haut pour disparaître à nos yeux. Assis dans une nacelle, suspendue au-dessous d'un globe de forte étoffe qu'on avait rempli de gaz tandis qu'il était à terre, ils s'élevèrent à la vue de tout le peuple qui les suivit des yeux aussi longtemps qu'ils restèrent visibles. Je ne pouvais m'empêcher de les chercher du regard et dé m'inquiéter de leur sort ; un de nos amis me rassura, en m'apprenant qu'ils pourraient redescendre à terre quand ils le voudraient. C'est assurément une des choses les plus merveilleuses que nous ayons vues.

Nous avions obtenu l'autorisation de visiter l'hôtel des monnaies. Tout dans cet établissement se fait au moyen de machines ; on n'y emploie des hommes que pour les seules opérations du pesage. Il s'y trouve quatorze balanciers, admirables par la facilité de leur travail et la puissance de leurs effets. Une personne digne de foi m'assura que chacun d'eux pouvait frapper cent mille pièces en une seule journée. Que le lecteur songe à cela, et s'il est tenté de m'accuser d'exagération, je lui répondrai avec le poète :

*Si l'on voyait la belle Leila, chacun reconnaîtrait sa beauté, et avouerait même que je ne l'ai pas assez louée.*

A peu de distance de la ville se trouve un château appelé Versailles, ancienne demeure des souverains. Le chemin de fer nous y transporta en un quart d'heure. Comme il n'est pas permis de le visiter en tout temps, un grand nombre d'hommes et de femmes se joignirent à nous pour y entrer. Nous fûmes frappés d'admiration à l'aspect de cet édifice. Ses murailles qui s'élèvent jusqu'au ciel, ses colonnes du marbre le plus rare, ses tableaux, ses statues, ses galeries dont les balcons s'ouvrent sur un jardin couvert d'arbres et de fleurs, nous remplissaient d'étonnement. Rien au monde ne saurait être comparé à la partie qu'habitait jadis le roi. Les meubles, les fauteuils, les lits, tout est en or pur et massif. Ajoutez à cela les mosaïques, les tableaux, les dorures, les glaces rayonnantes, les statues du marbre le plus précieux et qui paraissaient vivre. On nous apprit que c'étaient les images des anciens rois de France. Nous y restâmes trois heures sans en voir la dixième partie; il y faudrait consacrer plusieurs journées. Les jardins sont également au-dessus de toute description. Notre plume ne suffirait pas à en retracer les beautés, la grandeur et la régularité de leurs allées d'arbres dont les branches s'entrelacent de toutes parts. Nous citerons seulement plusieurs grands bassins. d'une remarquable construction, dans lesquels l'eau jaillit à la hauteur de trente coudées. La beauté de ce palais, la vue de ces eaux et de ces bocages qui nous entouraient, que les vents agitaient et que remplissaient des chants d'oiseaux, me rappelèrent les vers d'un poète qui décrivait la ville de Damas :

*C'est un pays dont chaque lieu fixe nos désirs, un pays où se trouvent réunis et séparés tous les plaisirs de la terre.*

*Quand les oiseaux gazouillent dans ses bocages, les yeux et les oreilles sont également ravis.*

Toutes ces splendeurs font apprécier le haut degré de civilisation de la France, en même temps que ses villes nombreuses, ses ports remplis de navires, son appareil guerrier, et ses armées innombrables donnent une idée de sa puissance et prouvent la sagesse et la bonté de son gouvernement. Ce n'est point par l'oppression et la tyrannie qu'on serait arrivé à la doter de cette prospérité dont tout ce que nous voyions était une nouvelle preuve, et dont les récits de tous les voyageurs portent témoignage. C'est à cette sollicitude des souverains pour tout ce qui peut être utile au pays, qu'il faut attribuer la création de ces bibliothèques où sont rassemblés et conservés depuis des siècles tous les livres qui ont été écrits en quelque langue et sur quelque sujet que ce puisse être. Là se trouvent même les ouvrages les plus estimés de la littérature musulmane, jusqu'aux plus rares, jusqu'à ceux même qu'on chercherait en vain dans les pays islamiques. Chaque bibliothèque en renferme des quantités innombrables, et l'étranger même est admis sans difficulté à venir les consulter. D'autres établissements témoignent encore de l'action bienfaisante du gouvernement. Ce sont les hospices ouverts aux pauvres, aux aveugles, aux sourds-muets. Ces malheureux y reçoivent les soins les plus parfaits, et n'y sont occupés que dans la limite de leurs forces et de leur propre volonté. Aussi, pendant tout notre séjour en France, n'avons-nous pas vu un seul homme tendre la main pour demander l'aumône. Ce sont de telles institutions, dont nous pourrions multiplier les exemples à l'infini, qui nous ont remplis d'une admiration inexprimable.

Mais l'espace et le talent nous manquent pour aborder cette matière; il est temps de parler de nos visites chez les grands de l'état, de notre présentation au Prince-Président, de l'honneur que nous eûmes d'assister à ses côtés aux fêtes de la distribution des drapeaux.

Avant tout, nous devions désirer voir l'homme éminent dont l'esprit de sagesse et d'équité a laissé de si vifs souvenirs parmi nous, M. le général Daumas. Il nous reçut avec un plaisir et un empressement marqués, et s'entretint longuement avec nous, choisissant pour chacun le sujet qu'il savait devoir lui être plus particulièrement agréable. Il nous conduisit ensuite chez M. le général de St.-Arnaud, ministre de la guerre. L'accueil le plus bienveillant, les témoignages de l'intérêt le plus véritable nous y attendaient. Les paroles que le général nous adressa furent pleines de bonté et nous causèrent une vive émotion. Il nous dit, puisse Dieu prolonger son bonheur, que la fête à laquelle nous allions assister devait être une des plus solennelles qui eussent eu jamais lieu. Qu'on y trouverait rassemblées des députations de toutes les classes de la population et de tous les corps de l'armée. Que la plupart d'entre nous lui étaient connus depuis longtemps, et que c'était à la favorable opinion que le gouvernement avait de notre fidélité, que nous devions d'avoir été choisis pour représenter notre pays dans cette solennité. Il termina en nous annonçant qu'il allait nous présenter à monseigneur le Prince-Président.

Il ne tarda pas en effet à nous conduire au Palais. La salle où nous fûmes introduits était remplie des grands de l'état ; ministres, hommes du conseil, chefs de l'armée. Au milieu d'eux était monseigneur le Prince-Président. Nous lui fûmes présentés tour-à-tour par S. E. le Ministre, et chacun de nous put lui offrir les hommages dûs à sa grandeur. Après qu'il nous eut exprimé la satisfaction qu'il éprouvait à nous voir, nous sortîmes, pénétrés de joie d'avoir été admis en sa glorieuse présence.

Le 10 mai, jour de la fête, on mit des chevaux à notre disposition, et nous nous rendîmes au palais. Nous y trouvâmes une foule de généraux auxquels nous nous joignîmes pour attendre la sortie du Prince. Il parut enfin, monté sur une jument sans égale, et se dirigea vers le lieu de la cérémonie. Le Ministre de la guerre et les grands de l'empire l'accompagnaient ; nous marchions immédiatement après eux. Pendant le trajet, le canon ne cessait point de tonner, et la foule à travers laquelle nous passions, de souhaiter, à haute voix, victoire et longue vie au Président.

Ces marques d'enthousiasme se reproduisirent jusque sur le terrain de la fête, qui nous apparut couvert d'une multitude innombrable de spectateurs et de masses de troupes des diverses armes rangées sur plusieurs lignes qui s'étendaient à perte de vue. En arrivant à la hauteur de celles-ci, le Prince partit au galop, entraînant à sa suite, maréchaux, généraux et nous-mêmes. Après avoir parcouru leurs rangs, au milieu de leurs acclamations répétées, déployant dans sa course rapide, l'habileté d'un cavalier incomparable, il gagna, avec ses ministres, une estrade élevée, se fit apporter les drapeaux, et les distribua aux chefs des divers corps. Il se rendit alors, entouré d'eux, vers l'endroit où l'attendaient les principaux ministres de la religion. Puis revenant, après une courte cérémonie, au point où il se tenait auparavant, il ordonna le défilé de l'armée. Aussitôt les troupes s'ébranlèrent, chefs en tête; chacune d'elles, en passant devant le Prince, l'acclamait, lui souhaitant victoire, gloire et longue vie. C'étaient des fantassins, des cavaliers innombrables, de l'artillerie et un corps de troupes portant des habits de fer, non point tels que les cottes de maille que nous connaissons, mais chaque habit fait d'une seule pièce et brillant comme une glace. Cette troupe était portée par des chevaux de race et passa rapidement devant le Prince, en faisant éclater son enthousiasme.

La cérémonie achevée, le Prince regagna son palais au milieu des chefs de l'armée. Après l'avoir suivi pour lui présenter nos hommages, nous escortâmes chez lui le Ministre de la guerre. Quand nous nous retrouvâmes entre nous, ce fut pour nous entretenir de toutes les merveilles que nous avions vues dans cette journée. Cette armée innombrable, cette variété d'uniformes, la quantité de canons, l'aspect martial des figures et l'habileté de la cavalerie, nous remplissaient d'admiration. Mais ce qui nous avait le plus frappés, était la cavalerie cuirassée de fer. Nous apprîmes qu'il se trouvait à cette fête quatre-vingt mille hommes de troupes, et plus de deux cent mille étrangers, accourus même de pays éloignés, et à leurs propres frais, pour y assister. Sur tant de spectateurs, pas un ne se rappelait avoir jamais vu une si imposante cérémonie.

Le 11 mai, nous assistâmes à une nouvelle fête, organisée par les officiers de l'armée, dans une salle dont la richesse, l'élégance et la grandeur étaient vraiment extraordinaires. Il suffira, pour s'en faire une idée, de savoir qu'il s'y trouvait dix-huit mille personnes, tant hommes que femmes, trente mille bougies, et que d'une extrêmité à l'autre, on n'aurait su reconnaître l'ami le plus cher. La musique ne cessait d'y retentir ; la joie et le plaisir brillaient sur tous les visages. Nous ne nous retirâmes que fort avant dans la nuit, et ravis de ce spectacle. Le lendemain, jour fortuné, nous apporta une des plus grandes faveurs dont nous ait honorés la bonté de monseigneur le Prince-Président. Sur une invitation écrite qu'il nous adressa, nous nous rendîmes au Palais où se trouvaient réunis les principaux Ministres et les Grands de l'armée. Tous nous firent un accueil très-gracieux et nous entretinrent avec une aimable bienveillance. Après un repas auquel nous prîmes part à leurs côtés, le Prince nous conduisit dans une partie du Palais, réservée pour des jeux scéniques. Notre ignorance de leur langue ne nous permettait pas de comprendre les paroles des personnes qui se trouvaient et causaient sur la scène ; mais l'attention et les rires fréquents de tant de grands personnages qui les écoutaient nous faisaient supposer que cela devait être extrêmement intéressant. Ces jeux alternèrent avec la musique jusqu'à minuit. Nous pûmes alors nous retirer, pleins de joie et de satisfaction, énumérant entre nous avec reconnaissance, toutes ces marques de bonté qui nous étaient prodiguées.

Le Ministre de la guerre voulut aussi nous recevoir à sa table ; nous nous y rencontrâmes avec un grand nombre de hauts dignitaires de l'état, qui nous reçurent avec des égards difficiles à décrire. Après le dîner le Ministre nous conduisit dans un autre appartement, où nous attendaient des cadeaux dignes du rang et de la libéralité de celui qui nous les destinait. Au nombre des paroles agréables qu'il nous adressa, nous remarquâmes les suivantes : « Sachez, » nous dit-il, que vous êtes à nos yeux comme nos frères » les Français ; la considération que nous vous accordons ne » laisse aucune distinction entre eux et vous. » Nous lui répondîmes que toutes les bontés dont on nous avait comblés ne nous permettaient point d'en douter ; nous lui renouvelâmes nos remercîments, et nous l'accompagnâmes ensuite chez monseigneur le Prince-Président. Le Prince reçut nos saluts avec cet air de douceur et ces discours charmants dont il possède seul le secret. Il daigna nous témoigner sa sympathie, nous combla de présents, et accorda la décoration de la légion-d'honneur à plusieurs d'entre nous.

Puis il nous autorisa à partir pour notre pays. Nous lui fîmes nos adieux, et nous sortîmes d'auprès de lui en y laissant notre raison et nos cœurs. Mais on ne se réunit que pour se séparer. Nous fîmes nos préparatifs pour quitter le brillant Paris. Ce ne fut pas sans regrets que nous nous éloignâmes, le 18 mai, car les habitants de cette ville sont comme l'aimant qui attire le cœur. Toutes nos pensées restaient attachées à ses monuments, à ses jardins, à ses splendeurs, aux souvenirs de notre réunion avec tant d'hommes excellents. Toutes les fois que, pendant la route, mon imagination m'entraînait à la réflexion et à la rêverie, je voyais repasser devant moi tous ces tableaux qui remplissent les yeux de fraîcheur et qui consolent le voyageur de l'absence du pays natal. Que Dieu arrose de ses bénédictions cette terre, prodigue de bonté et de bienfaisance; qu'il lui conserve ces beautés pour lesquelles soupirent toutes les âmes, dont la description charme l'oreille, dont les récits des voyageurs parlent en tous lieux avec enthousiasme ! Qu'il est difficile de ne pas désirer revoir ce séjour de délices, qui produit sur l'âme l'effet du vin pur, qui offre à l'esprit généreux et cultivé, la matière de la plus brillante récolte ! Puissent ses plaisirs comme ses charmes conserver leur éclat; il restera toujours pour moi le pays par excellence, dont l'aspect enchanteur guérit de tout souci ! Si le poëte l'avait pu voir, c'eut été à lui, non à Djillik (Damas), qu'il eût consacré ces vers :

*C'est un séjour où les graviers ont l'éclat des perles, la terre*
*le parfum de l'ambre gris, le souffle de la brise, la vapeur*
*énivrante du vin;*

*Ses eaux sont enchaînées bien que libres, le zéphir de la prairie y est sain bien que languissant.*

Nous arrivâmes à Lyon le 19 mai, et y fûmes accueillis avec une haute distinction. M. le général de Castellane réunit toutes les troupes sur un vaste emplacement en dehors de la ville, et poussa la bienveillance jusqu'à nous y faire transporter en voiture, avec une escorte de cavalerie. Puis, nous ayant fait placer dans un lieu élevé d'où la vue s'étendait de tous côtés, il fit commencer les manœuvres. L'artillerie, l'infanterie, la cavalerie, les troupes revêtues de fer se pressaient en masses innombrables. Les feux de l'artillerie et des soldats, la rapidité des mouvements, l'excellente tenue et l'instruction des troupes dépassaient tout ce que nous avions vu jusqu'à ce jour. C'était un spectacle admirable. Ces jeux guerriers continuèrent jusqu'au soir ; nous accompagnâmes alors le général à son hôtel, et lui adressâmes nos remercîments et nos adieux. — Le 21 mai, nous descendions le fleuve, en bateau à vapeur, jusqu'à Avignon ; de là, le chemin de fer nous emportait vers Marseille, où nous entrâmes le 22. Nous y fûmes reçus avec plaisir, et y passâmes quelques jours. C'est une ville très-populeuse et très-commerçante ; son port est constamment rempli de navires. Le 25 mai, nous nous retrouvions sur la mer salée, et le jeudi, 27, nous arrivions à Alger. Cette ville était pleine d'amis qui nous attendaient et qui vinrent à notre rencontre jusque dans le port. Le lendemain nous allâmes faire la visite d'usage à S. E. le Gouverneur-Général, et lui offrir avec nos meilleurs souhaits nos remercîments les plus sincères ; car c'était à lui, c'était à son initiative que nous devions tous les plaisirs de cet agréable voyage. Que Dieu, dans sa bonté, le comble de jours fortunés !

Fini, le vendredi, 11 juin 1852.

9 782013 470582

هذا

# كتاب رحلة

السيد سليمان بن صيام

الى بلاد فرانسه

طبع ببلد الجزاير في مطبعة الدولة

۞ بسم الله الرحمن الرحيم وبه نستعين ۞

نحمد الله حمد معترف بكفه ونشكره على فضله ورفيقه الذى جعل لنا الارض ذلولا نمشى في مناكبها وناكل من رزقه وسخر لنا الملك لنجرى في البحر بامره ورفيقه ونستوهب للمقام السلطانى النابليونى أعزه الله بحرا يتجلى بالغرب المعمور وشرفا وبعد فيقول العبد الفقير الى ربه السلام سليمان ابن صمام لما سبق فى سابق علمه تعالى انى امشى لرويا ارض الشمال ذات المحاسن العديدة والكمال امرنى من يجب على امتثال امره وهو والى فطر دايرة الجزاير وفطبه صاحب الراى السديد والجود الذى ليس بوفه من مزيد البطل الهمام والاسد الضرغام سعادة السيد القبرنور راندون لازال من ربه بعين العناية ملحوظا ومن شر حساده محميا محفوظا فامتثلت امره السعيد وكان ذالك اليوم عندى كالموسم الجديد وركبت من ملبانة دار السكنى الى الجزاير الغرا دخلتها حماها الله يوم ۲۳ من ابريل سنة اثنين وخمسين وثمانية عشر مائة وتاريخنا في هذا الكتاب كله التاريخ المسيحى ووجدت بها جماعة من روساء

العرب مامورين مثلى بالسعر لهاتيك البقاع والمنازل
كما امر اسعده الله روسراء الايالتين اعنى وهران
وقسنطينة بالسعر مثلنا ليخرط الجميع فى سلك
اوليك الافاضل يوم اجتماع الهابل لتعريف البنود
على كبراء الجنود وكان سفرنا من الجزاير الى مدينة سيط
يوم ٢٥ من ابريــل بعد زيارتنا سعادة والى الجزايــر
المذكور وانعامه الوافى الموفور بمــن انعامه واحسانه
وجوده وامتنانـــه ان وجه معنا من يتعرف احوالنا
صاحب السياسـة الـتى لاتحصى والمواسات الـتى
لاتستقصى وهو سعادة الكرونيـــل دريوور كبنا الجر
فاصدين مدينة سيط ولما رايت ذالك السيد السايل
تذكرت قول القايل ٥

انظر الى مركب يسبيك منظره

يسابق الريح سرعة باسراء

كانــه طاير فد مــد اجنحـــة

اتى من الجو منفضا على المـــاء

ودخلنا مدينة سيط عشية السابع والعشرين من
ابريل وبتنا بها ليلتنا ولم يمكننا ان نرى ما احتوت
عليه من المحاسن لسفرنا منها غداة دخولنا فاصدين
مدينة مونبليى فى كروسة الدخان بوق طريق من

حديد وصبتها على وجه الاختصار هو انهم جعلوا
شرايط من حديد من اول الطريق الى اخرها في غاية
التمكن بمسامر من حديد مع استوايها تسمر الكروسة
فوق تلك الشرايط وذلك اختراع عظيم بيانه انهم جعلوا
هذه الشرايط في الارض يمينا وشمالا مربعة مرتبعة
مغروسة في اسفلها الذي تحت الارض وفي الربع
الاعلى سافية تجري فيها رودة الكروسة ولا تخرج
عنها لاجل حسن المطابقة بين اسفل السافية
ودور الرودة وذلك من اغرب ما يكون مع استواء الطريق
ووزنها بموازين الهندسة بحيث لا يعلو موضع على
الاخر بشيء ما ومهما تعرض لهم جبل شاهق في
الطريق يمنعهم المرور دخلوا تحته بالثقب فيكون
حيطان تلك الثقبة من حجر منحوت وسقفه كذلك
وفي رجوعنا من مدينة باريس مررنا تحت جبل كذلك
في كروسة الدخان ستة دفايق مع خبتها
وسرعة سيرها لانها كانت تمر فيها بالبرق الخاطف
واما الراكب فوق الدابة لو دخل هذه الثقبة يسير
تحت الجبل مدة ساعة ونصف لان هذا سير
الكروسة بالنسبة للراكب او للراجل فان المسافة
التي يقطعها الراكب في الكروسة في ساعة واحدة

لا يفطعها فارس في اول من يوم والكروسة في الصورة
لاتبعد عن غيرها الا انها من حديد وفي داخلها
آلات يفال كـالة مراكب الدخان يوفد ونها الفايمون
بها بجم اسود من معدن مختص لبعض البلاد يسمونه
بخم الارض تفيل جدا ومنه يوفدون مراكب الدخان
البحرية والنهرية وتلك الكروسة تفود كراريس
عديدة تنبو على الستين في كل واحدة نحو من
ستة عشر نفر بدون خيل ولا واسطة فايدة ماعدى
الدخان هو المدير لتلك الرودات حتى تسير السير
المفرط وذالك من اعجب مارايفا وليس للخبر
كالمعاينة ووصلنا الى مدينة مونبليمى في ٢٨
ابريل في يومنا ولما دخلناها فصدنا واليها السيد
الجنرال صانه الله ولما مثلنا بين يديه رحب بنا
مع اظهار الفرح بقدومنا وعرفه بكل واحد منا
السيد الكرنيل دريو وامر فبطانه ان يذهب معنا
الى بستان عجيب فلما دخلنا الى ذالك المنتزه وجدناه
من احسن ما يكون مشتملا على انهار وازهار ومغازه
ومفاعد ومياه متدفقة يسمى پيمروا وراينا به ماء محمولا
فوق افواس في غاية العلو ويتدوق في ذالك البستان
اخبرنا الفايم به ان ذالك الماء مجلوب من جبل بعمد

عاينّاه وبينه وبين البلدة مسيرة ستة وثلاثين ساعة ثم بعد التفرج خرجنا الى المحل الذى انزلونا فيه وبتنا ليلتنا وسافرنا من البلدة المذكورة في ٢٩ يوما من ابريل الى بلدة تسمى أبينيون في كروسة الدخان فوق طريق الحديد دخلناها في يومنا ورأينا بها ما يستغرب من البناء المحكم العجيب وفيها معدة لاجتماع الباباصات وأهل العلم في الدين المسيحى وفيها لهم دار فد فاتت ما فيها من الترصيص بالضور والصور حتى نحيم فيها العقول وسافرنا منها اول يوم من ماى قاصدين بلدة بلانص في مركب الدخان في النهر الذى هو دالجم عرضه ينيف على البو ذراع مرصعا من جهتيه رأينا فوفه فناطم تمر من تحتها المراكب في غاية العلو والاتفان مصنوعة من سلك لحديد والبناء العجيب الى ان وصلنا البلدة المذكورة في يومنا ورأينا فيها بعض سراذم العساكر التى لا يأتى عليها العدو ولم نرى غير ذالك لعدم الافامة بها وكان سبرنا منها فى النهر فى مركب الدخان وذالك النهر على الصبعة المتقدمة من العرض والرصايف والفناطر وتعديد السبعن الدخانية وشواهق الفلوع ونحن نرى تلك العجايب

الى ان وصلنا الى مدينة ليون في اليوم الثانى من مايو
دخلنها فوجدنها من اعظم المدن واجودها وهى الحفيفة
هى ثانى كرسى دولة فرانصة مشتملة على منارة ومقاعد
واشجار وازهار ورنات الطيار تغنيك عن سماع الاوتار وفى
وسطها واد عليه قناطر من حديد لم ترى العيون
مثلها ولاسمعت الاذان بشبهها فابلونا اهلها احسن
قبول ورحبوا بنا كلهم منهم من برح بلسان المقال
واخرون بلسان لحال ثم مشوا بنا الى كنيسة
وجدنها من اعظم الكنايس واجودها مع الضخامة
والتشييد فى البناء الغريب والرباهية واراينا بهذه
المدينة دارا يسمونها دار التصاوير ملانة بالتصاوير
المنحوتة من الرخام والمرمر الجيد وتصاوير اخرى فى
حيطان تلك الدار بحسن الصناعة التى لابرق
بينها وبين الادمى الابعدم الكلام حتى انك اذا حففت
النظر فى الصورة التى فى الحايط تراها تتبعك
بنظرها فيا لها من صنعة غريبة سالنا عن تلك
التصاوير فاخبرونا انها صور اوايلهم واراينا بهذه الدار
ايضا انسانا ميتا موضوعا فى صندوق من زجاج قد
يبس جلده على عظمه مع بقاء شعر راسه ولحيته
وبقاء اسنانه على حالها سالنا عنه فاخبرونا انهم اتوا

به من بلاد مصر ووجدوه فى مضجع الاولين ومنذ موته الى اليوم ثلاثة الاف سنة ورأينا بهذه المدينة محكمة الشرع نقول هى دار فى غاية ما يمكن من الكبر والعلو مع التشييد فى البناء والرواهية كسوارى الرخام الجيدة وبالاختصار لوكانت هذه الدار فى موضع وحدها يظن ناظرها انها فريدة ولما سرحنا نظرنا فى محاسنها وجدناها محتوية على منازه ومقاعد وتزليج وبرش وكراسى غالية الثمن واما اهل هذه البلدة مع كثرة عددهم لم تجد شخصا منهم غير مشتغل مع رواهية عيشهم واعتنايهم بالصناعات المجيدة كنسج الحرير والذهب بالالات اللطيفة وامر اهل ليون بهذه النفايس واضح مشهور ثم خرجنا منها فى اليوم الرابع من ماى فاصدين بلدة شلوا فى مركب الدخان فى النهر على الصعبة المتقدمة والحالة ان القلب متعلق بها ولما وصلنا الى بلدة شلوا ركبنا فى كروسة الدخان فى طريق الحديد فاصدين حضرة باريس وفى مدة سفرنا رأيت بجانب الطريق نحوا من ستة خيوط من سلك الحديد ارق من الخنصر ممدودة فى الارض فى ارتفاع نحو ذراعين وهى فى بعض الجهات محمولة فى اعمدة من خشب سالت عنها فاخبرت ان تلك

تلك الخيوط طرفيها بباريس والطرف الاخر بمدينة
ليون يبعثون بواسطتها الخبر من باريس الى ليون ومن
ليون الى باريس فى مدة طرفة عين بل يكاد
الشخص فى باريس جليسه بليون مع بعد المسافة
بينهما والكففة انهما مايــة وتسعة عشر برطا
وفرانساويا ولم ندر كيمــو يصنعون لاننا لا رأينا لها
مثــل حركات السنيال الذى عندنا فى بلاد الجزاير
وهذا من اغرب ما رايت والامر لله من فبــل ومن بعد
وحاصل الامر وغايتــه اننا منذ دخلنا هذه البلاد
باسرها لم نرى بها موضعا خاليا من الغراسة والحراثة
وكثرة الاشجار المثمرة والظل المديد والحسن الذى ليس
بوفه من مزيــد مع كثرة مداينها وفراها وعمارتهم
ونظافتهم حتى اننا لا تمر علينا الساعة الواحدة
الا وشهدنا فيها من المدن والفرى ما يكل اللسان والفلم
عن تعديده وبالجمــلة هى فرى مسلسلة متصلة
بعضها ببعض خصوصا مع جد السير حتى ان
الانسان لا يظن الا انه فى بلدة واحدة والمسافرون غالبا
فى ظل الاشجار المرصوصة بترتيب مطرد فى ساير الطرق
ولما رايت تــلك الاشجار والانهار وذالك الظــل والازهــر
تذكرت فول البحترى حيــن وصف دمشق الشام ۞

اما دمشق فقد أبدت محاسنها

وقد وفى لك مطريها بما وعدا

اذا اردت ملات الطرب من بلد

مستحسن وزمان يشبه البلدا

يمشى السحاب على جبالها ورفا

ويصبح النبت فى صحرايها بددا

ولست تبصر الا واكبا خضلا

ويانعا خضرا وطايرا غردا

دانها الغيظ ولى بعد وبدته

اوالربيع دنا من بعد ما بعدا

واما امرا اهل فرانسة فى الاعتناء بالغراسة والحراثة والنظافة والتشييد فى البناء وتكثير التجارة والصنايع فهو ادل دليل على صلاح رايهم وامتثالهم لامرايهم حتى اشتهر العدل فى برارهم وبحارهم وقد اخبرنى بعض الاصدفاء وقال لراتبق لبعض النسوة السفر فى البر او فى النهر راكبة اوراجلة تقطع المسافة من شرق البلاد الى غربها من غير معارض ولا لص وان امتلات حقايبها ذهبا ويافوتا ولا يخطر ببال شخص تجريد الناس فى الطريق بل يعم الامن والامان والعافية والخصب جميع النواحى وفى يومنا دخلنا الى مدينة

باريس وهو اليوم الرابع من مايو فلما قابلتها رايتها وجدتها
احسن مما وصفوها الوصافون ولا يمكن لشخص ان
يستوعب جميع محاسنها ولوقام السنين واجتمعنا مع
اخواننا العرب المتوجهين من نواحي قسنطينة ووهران
انزلونا اهل الدولة بمحل جيد كبير في غاية
الرفاهية يقال له اوتل دى يرانس فجعلت اسرح نظري
على شكل هذه المدينة العجيب ووضعها الغريب وامعان
النظر في سكانها من سلاطين ونحوم وفي انهارها
وفناطرها وبساتينها واشجارها ومياهها العذبة وصحة
هوايها والسوال عن خزاين الكتب المنعوتة المختلفة
السنتها واجناسها واعتنايهم بالحروب وكثرة جيوشهم
وامتثال الرعية للاوامر الصادرة من امرايها وعدل
الدولة في جميع رعيتها وعلو الديار وتشييدها وفصور
سلاطينها وكذلك ضرب السكة وغرابتها وجمعهم
لجميع الوحوش والبهايم بشيونها وديار النزهات والمزح
وغرايبها اما شكلها فمستطيل هاكذا يظهر واما
ضخامتها فهي من اعظم مداين الدنيا والتخفيف ان
سكانها مليون وماىتى الى نجرو وهي من اعظم مداين
الاوربج الان وهي كرسى بلاد الفرنسيس وقاعدة ملك
فرانسا واما اهل باريس وهم يختصرون من بين الناس

بذكاء العقل ودقة الفهم وغياص الذهن فى الامور
عامة ۞

كانت محادثة الركبان تخبرنا
عن فضلهم وعلاهم احسن الخبر
حتى اتفينا فلا والله ما سمعت
اذنى بنصبى ما قد عاينت بالبصر

وليسوا بالمقلدين فى الامور اصلا بل يطلبون دايما
ادراك معرفة اصل الشىء والاستدلال عليه حتى ان
عامتهم ايضا يعرفون القراءة والكتابة ويدخلون مع
غيرهم فى الامور الخفيفة لكل انسان على قدر حاله فليست
العوام بهذه البلاد كعامة غيرها من البلدان ولما
كانت ساير العلوم والفنون والصنايع الوضيعة مدونة
بالكتب يحتاج الصناع بالضرورة الى معرفة القراءة
والكتابة لاتقان صنعتهم وكل صاحب فن من الفنون
يحب ان يبتدع شيا لم يسبق اليه او يكمل ما اخترعه
غيره ابتغاء الثناء فى حياته وحسن الذكر بعد وفاته
وقد اشار ابن دريد فى مقصورته الى هذا المعنى
حيث قال

وانما المرء حديث بعده

وكن حديثا حسنا لمن وعا

ثم لما انتهى الكلام على اهل فرانسا مطلفا نذكر الان بعض ما اتصف به سيدنا المعظم مالك دولة فرانسا المنصورة على سبيل الاختصار نقول هو سلطان كبير برع سلطان بالعدل والشجاعة شهير ذو قدر جليل خطير شهرته اغنى عن الوصف وفخره لايحتاج الى ايضاح ولا الى كشف فارس مضمار وبطل وغا كرار ذو فتكات معروفة وعزمات موصوفة وكل الملوك بذلك يشهدون وهو المعظم الانجد سيدنا لوى بايليمون اطال الله مدته وادام سعادته ۞

ورثت الشجاعة من ابيه وعه

بكانهم ما غاب منهم مالك

جمع السماحة والرجاحة والندا

والباس والراى الاصيل مبارك

واذا المعالى اصبحت مملوكة

اعنافها بالحق فهو المالك

فجزى الله اهل فرانسا خيرا حيث اعطوا الفوس باريها واسكنوا الدار بانيها واركبوا الجمل محريها وفوضوا امر الدولة الى العالم بحلها وعقدها واما الوزراء وكبراء الدولة فهم قوم اخيار ذوو هم كبار لاسيما سيدنا وزير الحرب المعظم سانطارنوا ادام الله بقاءه ذوباس فى الحرب

بطعـن وضرب له بى المعالى همم عوالى ومقام معروب
وعزم موصوب مع حسن سياسة وبضل رياسة وببذل
مال ولين مقال وجاد عالى وعز غالى ۞

هم القوم ان قالوا اصابوا وان دعوا
اجابوا وان اعطوا اصابوا واجزلوا

ولا يستطيع القاعلون بعالم
وان احسنوا بيمـا اتوه واجملوا

واما انهارها ونقول باختصار يشفهـا نهران احداهما
وهو الاعظم والاشهر يقال له نهر السين والثانى نهر
غوبلان ونهر السين المذكور ماؤه من احسن المياه
مناسبة لصحة الابدان باتقاق للحكماء وبى نهر السين
المذكور بداخـل باريس ثلاثة جزاير وبيمـه تساقر
السقن العظيمـة الوسق وبه الارصبة للجيدة العظيمـة
على حقاويهـ وشطوط هذا النهر من داخل المدينة
مرصبة بحيطان عالية عظيمة بوق الماء نحو قامتين
يبطل المار بحانبيهمـا على النهر وهى محكمة البناء واما
قناطر هذا النهـر بباريس بهى ستـة عشـر
قنطـرة ومنهـا قنطـرة بستان النبات لهـا
اربـع مايـة قدم من الطول وعرضها سبعـة وثلاثون
وبدما يقال قد بنيت بى خمس سنيسن وصروف بيها

ثلاثون مليونا فرنـــك وتسمــى ايضا هذه القنطرة
قنطرة استرلتز باسم محـــل غلــب بيــه نابليون ملك
منا مسة وملك المسكـو ويقال لهذه الواقعـة واقعـة
استرلتز موافعـة تتويج نابليون وسميت القنطرة بهذا
الموضع الذى وقـــع بيه الظفر لنبليون بملكين من
الملوك المعتبرة تذكـرة وابقاء لذكـره للجميـل واما
بساتيــن باريس واتجارها ومحـل الوحوش فان الدولة
انعمت علينا بان وجهونا الى موضع يقال له جاردان
دى بلانط وجدنا بيـــه من الوحوش كالفيل والاسد
والنمر والكركدن والبرص والسبع ونحوها وراينا غير
هذه الوحوش مما لا اسميها وبقرب هذا المحل بستان
متسع جدا مسقفا بالبلور وجميع الاشجار التى لاتفتح
فى البلاد الباردة وجدناها مغروسـة بيه كالنخل
ونحوه ولما دخلناه وجدناه حارا مثـل للحمام وبكشب
الغيب انــم يوقدون النار من تحتـه تحفظا بتلك
الاشجار مشينا داخلـه نحو خمسـة عشر دقيقة وما
استوعبنا جميعـه وهومن اعجب ماراينا واما مواضع
اللعب والمزح فان اهل الدولة وجهونا الى موضع اللعب
وهى دار بى غاية الاتساع والاتقان ولما اجتمع الناس
وشرعوا المزاحون بى امرهم ودنا نرى ان وسط المحل فارغ

والناس يطلعون عليه من بوقه ومن العجايب التى راينا
هناك شجرة خارجة من الهكل شيا بشى حتى استوت
على سافها ثم ابدت اوراقها وازهارها الى ان خرج من
ازهارها نساء كن ملتهيـــن بالاوراق وبمزقـن الاوراق
وتكلمن مع بعض من حضر وبكشف الغيب ان الشجرة
ليست حفيفـــة وانما هى صورة فقط وتـــلك النساء
يضحكن ويلعبن وهذا ايضا من اغرب ما راينا والامر
لله من قبل ومن بعد ووجهونا ايضا الى موضع يسمى
بيضرم شهدنا به من العجايب والغرايـــب فمنها اننا
راينا امراة ومعها ستة من الخيل وبيد المراة لجم الخيل
وهم فى غاية السبق والجرى وهى واقفـــة فوق اثنين
منهم وتارة فوق اثنيـــن غير الاولين الى ان تقف على
جميعهم مع شدة جريهم واستواء بعضهم ببعض واغرب
من هذا اننا راينا كروسة يجرها فرسان يقودهما فرد
لابـــس لباس بنى ءادم حاملا فردين فى كروستـــه
جالسين على هيـــة مليحة ووقا وركزى بنى ءادم ومنها
اننا راينا ثلاثة نفر صعدوا الى الجو حتى اختجبوا علينا
وذالك ان الثلاثـــة حملتهم قبة من خرقـة غليظة
ملوها بالدخان وربطوا من تحتها لوحـــة تشــاكل
صندوقا وجلسوا فيه والناس يرونهم الى ان شرعوا فى
الصعود

الصعود الى الجسو وتبعناهم بالنظر حتى اختبوا
وبفينا نرى تلك القبة التى حملتم وسالنا بعض
الاصدقاء عن مال امرهم فاخبرانهم اذا ارادوا النزول
الى الارض لهم ذالك وهذا من اعجب ماراينا واباحوالنا
الدخول الى دار صناعة الدراهم وجدنا بها اربعة عشر
مطبعة فى غاية مايكون من فلة المشفة وخفة العمل
وشدة الضرب حتى جميع مايحتاجون اليه من خدمة
الادمى يخدمونه بالالات الا فى وفت الميزان فقط اخبرنى
من اثق بخبره ان كل مطبعة تضرب فى اليوم ماية الو
دورو وبتامل ايها الناظر وذالك من اغرب ماراينا وليس
الخبر كالمعاينة ۞

وبلوابصروا ليلا افروا بحسنها

وفالوا بانى فى ثنايها مفصر
ومن انعام اهل الدولة ان ارسلونا الى فصر يفال له وبرساى
وهو فصر السلاطين غير بعيد عن المدينة ركبنا
كروسة الدخان ووصلناه على ثلث ساعة ولما دخلناه
دخل معنا خلق كثير نساء ورجال لايمكنهم الدخول
فى كل وفت وتعجبنا من ذالك التشييد الغريب من
سوارى الرخام والمرمر العزيز الموجود والتصاوير
والتماثيل العجيبة مع ضخامته وصعوده فى الجو وتعداد

مقاعده ومنازهه مشرفة على بستان ذى اشجار وانهار
واكام وازهار واد خلونا موضع بيت السلطان وجدناه
لانظير له فى جميع الامصار والاوطان وذالك ان الكراسى
وسرير الرفاد والات البيت كل ذالك مصوغ من الذهب
الخالص المتقن مع مايتبع ذالك من التمويه والتزليج
والتصاوير والمراة المشنة وبه عدة تماثيل منحوتة من
الرخام الجيد لافرق بينها وبين الادمى الا بعدم النطق
سالنا عنها فاخبرونا انها صور ملوك وفرانسة مشينا
داخل القصر ثلات ساعات وما راينا ثمنه ولا عشره
اخبرونا ان من يريد يستوعب جميعه ينبغى له ان يقيم
ايما كثيرة وشرعنا فى الدخول الى البستان الذى
بجانبه ولانتعرض لذكر بهجته واتساعه واستواء
صبوف اشجاره والتعاوق بعضها ببعض لان ذالك شىء
لايفى به القلم وانما نذكر شيا اخر وذالك ان بالبستان
عدة صهاريج فى غاية مايمكن من الكبر والاتقان جدا
مستوية وبداخل كل صهريج خصة ينبع الماء منها
صاعدا فى الجو مقدار ثلاثين ذراعا وذالك من اغرب
شى يراه البصر ولما شهدت تلك المياه وحسنها بدوع
نعيمها مع تلك الاشجار المحدفة من كل جانب واستواء
صبوبها وترداد الحان اطيارها ولطيب نسيمها وحسن

فصورها تمثلت بقول الشاعر في وصف دمشق ه

ارض محـــل الأماني من اماكنهـا

بحيث تجتمـــع الدنيا وتعترف

اذ انشد الطير في اغصانها وقعت

على حدايفهـا الاسماع والحدف

واعلــم ان ملوك وَرَ ٰنسـة لوا تصفوا بالظـلم والجور
وعدم الرفق بالرعيـة لمـا قدروا على تحصيل بعض
الغرض من عمارة البلدان وكثرة العسـاكر البرية
والجرية وتحصين الثغور وتعميرها بالعدد والعدد
وغيـر ذالك ممـا لا يمكـن حصره وبرهان ذالك
ما راينـاه من امتثال الرعية بالاوامر الصادرة من ارباب
الدولة فهو امر ظاهر بين لا يحتاج الى اقامة دليل اذ
لولم يكونوا ممتثليـن لما قم الامر من محاسن بلادنسة
وعمارتها وكثرة مداينها ومراسيهـا وسجنها وقراها
وء الات حروبها وعساكرها التى لا تحصى ولا تعد وقد
شاهدنا ما ساهدنا من العمارات ونحوها والتواتر يبعيد
القطع على وجود جميع ماسمعنا وما رايناـ ثم ان اهل
الدولة من كثرة عدلـم واعتنايـم بالامور جمعوا انواع
الكتب الموجودة على الارض وجعلوا لها خزاين وحفظوها
من كتب جميع الاجناس حتى ان كتب المسلمين

المعتبرة التي قل نظيرها في بلاد المسلمين موجودة
هناك وغيرها مما لا يحصى مع اختلافي بفنونها وفي ذلك
ايضا من عدلهم مثل مع ان انسانا غريبا توطن بلادهم
واحتاج الى النظر في الكتب يمكن من ذلك نيل غرضه
وقضاء وطره كاعتنايــهم بالفقراء والعميان والبكم
بان جعلوا لكل برفة محلا يجمعونهم فيــه يشتغلون
بامور يقدرون عليـا والدولة قايمـة بــهم اتم قيام وفي
مدة اقامتنـــا ما راينا انسانا مديده لاخذ الصدفة
لغناء الفقراء عن السوال لانهم مصونون في الاماكن
المعدة للفقراء ولا يمكن قضاء العجب من ذلك ولا وصفه
على سبيل الاختصار وهي امور لا يسعها الوقت ولا يفي
بهــا اللسان ولنشرع الان في ذكــر ملاقاتنا بالوزراء
وانعامهم علينا ولذيذ خطابهم واكرامهم وذكر دخولنا
الى حضرة السلطان سيدنا المنصور والمــلك المختار
باتفاق الجمهور وركوبنا معــه يوم المهرجان بنقول ان
اول من لقيناه من كبراء الدولة سعادة السيد الجنرال
دوماس المشهور بالعدك والانصاف فقصدناه اسعده الله
ومعنا السيد الكلونيل دورليوا المذكور فلما مثلنا بين
يديه فرح بنا فرحا شديدا ورحب بنا ترحيبا اكيدا
وتكلم مع كل احد مما بما يناسبه فاجبناه بما يناسب

فدره الرفيع وذهب بنا الى حضرة سعادة الوزير الاعظم وزير الحرب الاعظم وهو السيد الجنرال سانطارنو ولما مثلنا بين يديه رحب بنا وبرح بنا وسالنا عن احوالنا فاجبناه اننا في الخير والعافية والخصب والهناء ثم قال لنا اسعده الله ان هذا العرس عرس عظيم يجتمع فيه جميع الاجناس وكبراء العساكر وروساوهم بعثنا الكم لتشاهدوا هذا المهرجان لظننا الجميل وبكم ومعرفتنا بكم سابقا وقد اكرمنا بلذيذ خطابه وسياسته صانه الله ورعاه واخبرنا انه يذهب بنا الى حضرة سعادة سيدنا السيد السلطان وتهيانا لذلك وساربنا هو والجنرال دوماس والسيد لكلونيل دورريو الى ان دخلنا للحضرة المصونة وجدناها ملانة بالوزراء واهل المشورة وكبراء العسكر وسعادة السيد السلطان في وسطهم امرونا بالتسليم عليه بما يناسب فدره الرفيع وقد اظهر لنا البرح والسرور بقدومنا لحضرته السعيدة وسال عنا بعربه سعادة الوزير الاعظم بكل واحد منا مكنتنا في حضرته السعيدة هنية وسلمنا عليه وانصرفنا في غاية البرح والسرور برويته المباركة وفي اليوم العشر من مايوا وهو يوم العرس امروا لنا

بخيل ركبناها ووصلنا للحضرة السعيدة وجدنا

ببابها جماعة من الجنرالات راكبين ينتظرون خروج

سعادة السلطان من محله فوقعنا مع اولئك الجنرالات

حتى برز بي هيئة لم ترا العين مثلها راكبا على فرس

لا نظير لها ومع سعادة السلطان المعظم سعادة وزير

الحرب وكبراء الدولة فساروا قاصدين موضع المهرجان

وسرنا من خلفهم ومنذ شرع بي السير الا والمدافع

تضرب والخلق داع بالنصر لسعادة السلطان

وطول العمر الى ان انتهينا الى محل المهرجان وجدنا به

خلفا لا يحصى والعساكر المختلفة التى لا تعد ولا

تستقصى مصطبة على مد البصر مع اختلاف

ملابسهم وكثرة مدافعهم وشدة حزمهم وزينة الجيش

الراكب على عتاق الخيل وقد اسرع بي السير سعادة

السلطان هو ومن معه من المريشالات والجنرالات

واسرعنا من خلفهم قاصدا بذالك المرور على العساكر

وقد ظهرت لنا من بروسيته حال السبق التى ما راينا

مثلها قط ولا سمعنا بها الى ان استوعب العساكر

وكلهم يدعون له بالنصر وطول العمر ولا زال اسعده الله

هو ووزراءه حتى صعدوا محلا مرتفعا كالمنبر وامر باخراج

الرايات الجديدة فاخرجت ودفعها للكبراء العساكر

وذهب بهم ارشده الله الى حضرة كبراء الدين برايانهم
وصعد المنبر معهم ومكث قليلا ورجع السلطان ومن
معه الى الموضع الاول وركب فرسه وامر بتسراد
العساكر فمرت بين يديه مع كبرايهم وكلهم يدعون
له بالنصر والظفر وطول العمر ومنهم الراكب والراجل
ومنهم جيش لابس كسوة من حديد ليست كالزرد
المعروف بل كل كسوة واحدة تبرق وتتلالا وهم راكبون
على عتاق الخيل وكلهم مسرعون فى السير ومظهرون
الفرح والسرور ورجع السلطان الى محله بعد انفضاء
المهرجان وتفريق الرايات وتسراد العساكر مع اولىك
الروساء ونحن معهم الى فصره السعيد بسلمنا عليه
واعترفنا منه وسرنا مع سعادة وزير الحرب الى ان وصل
الى داره وبعد التسليم عليه سرنا الى محلنا متعجبين مما
راينا فى ذالك اليوم من كثرة الجيش ولا سيما من الجيش
المتدرع بدروع الحديد وذالك من اعجب ما راينا ولما سالنا
عن عدد العساكر التى حضرت هذا المهرجان اخبرونا
انهم ثمانون الى نيف كا حضر كتير الناس من جميع
الاجناس فد قطعوا المسافات البعيدة وابذلوا الاموال
الجزيلة لمشاهدة حسن تلك النزهة وجملة من حضر
مايتان واربعون الى شخص وما منهم الا ويقول ما راينا

مثل هذا اليوم قط في الحسن والبهـا وفي اليوم للحادى

عشر من مايو امرونا بالمشى ليلا للجتمـع بدار اقاموها

وسيانات العسكر وفيهـا وليمة عظيمة فدخلنا دارا

في غاية الوسع والرفاهية وللجودة وما يدل على كبرها

انه حضر في ذالك العرس ثمانيـة عشر البى انسان

نساء ورجالا اوفدوا فيها ثلاثين الى شمعة ولا يمكن

لنخص ان يعرف صاحبه الذى في ٵخر الهـل الا

بواسطة الناظور لطول مساحـة الهل وعرضه مع

ٵالات الضرب المتبوعـة وقد اظهر جميع من حضر

الفرح والسرور وافترفنـا في ٵخر الليـل وذهبنا الى

محلنا نحدث بعضنا بعضـا في حسن ماراينـا وفي

الغد كتب لنا سعادة السلطان يامرنا بالحضور في داره

المسعيدة وسرنا عشيمـة ذالك اليوم السعيـد ولما

دخلناها وجدنا بها خلفا كثيرا من كبراء الدولة

فابلونا احسن قبول واجلسونا معهم للعشا واكرمونا

احسن اكرام وتحدثوا معنا احسن حديث وذالك

من انعام سعادة سيدنا السلطان وجوده علينـا ولما

تممنا العشا ذهب بنا سعادة السلطان الى موضع في

بعـض جهات الدار وذالك محـل نزهتهم فيه اناس

يمزحون بلسانهم وان كنا لا نفهه ما يفولون الا انما

تخففنا

كففنا به انه عجب لانصات اولايك الاكابر وحكم
ودام ذالك اللعب الى ان انتصب الليل ولما انفض
ذالك البسط طلبنا الاذن من سعادة السلطان فاذن
لنا بالانصراف بعد ماسلمنا عليه وسرنا الى محلنا في
غاية الفرح والسرور شاكرين فضله نتحدث بتلك
النعمة وانعم علينا سعادة الوزير سيدنا الجنرال
سانطارنوا بضيافة في داره السعيدة ولما دخلناها
وجدنا بها جماعة من كبراء الدولة وغيرم فرحب بنا
هو ومن معه واجلسونا للاكل معم واكرمنا احسن
اكرام واتحفنا بهدايا اعطا لكل شخص منا عطاء
جزيلا مناسبا لشانه الرفيع وتحدت معنا اطيب
الحديث ومن بعض ماتحدث به معنا ان قال لنا
يامعشر العرب نعلمكم انكم عندنا بمنزلة اخواننا
الفرانساوية ولافرق بينكم وبينم عندنا في الحبة
والمكانة فاجبناه باننا لانعتقد خلاف ذالك وفد
شاهدنا منكم صحة ذالك واستكثرنا خيره وشكرنا فعله
وانعم علينا بان سار بنا الى حضرة سعادة السلطان
ومعه سعادة السيد الجنرال دوماس وسعادة السيد
الكلونيل دورريو ولما دخلوا بنا لتلك الحضرة البهية
سلموا على السلطان وسلمنا عليه فرحب ورحب بنا

واتحفنا بلذيذ خطابه ولين مقاله واظهار المحبة
والميل وبمن جملة مانعم به علينا من الهدايا بتعريف
التحف اعطى لكل واحد منا ما ناسب قدره بعد
ماكان انعم علينا بنواشين الاوتخار بحضرة اولايك
الاكابر كالسيد الوزير والسيد الجنرال والسيد
الكلونيل دوريسو ثم امرنا بالرجوع الى بلادنا وسلمنا
عليه وابترفنا وبقيت عقولنا وقلوبنا عندهم وكل
اجتماع للعراق يؤل وشرعنا بى الخروج من حسناء
باريس الى ليون خرجنا منها يوم ثمانية عشر من مايو
وما كدت استطيع فراقها لان اهلها كانوا المحبوب
مغناطيسا ولان اوكارنا متعلفة بتلك المعاهد
والازهار وتلك الجنة التى تجرى من تحتها الانهار
والاجتماع باولايك الاخيار وكنت مهما شبفنى عقلى الى
التصور او الاذكار رايت به مايملا العين قرة ويسلى
عن الاوطان كل غريب وسقا الله تلك البلاد التى قصر
عليها الحسن والاحسان وحيا تلك المعاهد التى
تشتيها الانفس وتتحلى بسماعها الاذان وتتنافل
محاسنها الاسقار متزنمة بها بى ساير الافطار وكم لنناس
اشتياق الى منتزهاتها وساحات مسراتها لما تجرى بى
النفوس مجرا سلاف وتكون لرياض الاداب ابهى قطاو

لازالت محاسنها ظاهرة ومسراتها باهرة ولا اقسم بهذا
البلد وحسن منظره الذى يشبى من الكمد ولو نظر
الشاعر الى بهايها المتالف لاثرها بعوله فى وصف بلاد
جلق

ديار لهـــا الحصباء در وترب‌هـــا
عبير وانبعاس الرياح شمـول

تسلسل منها ماوها وهو مطلق
ومع نسيم الروض وهو عليل

وكان دخولنـــا الى مدينــة لبــون يوم تسعـــة
عشر من مايو نزلوا احسن منزل واكرمونا غايـــة
الاكرام ومن ما انعم به علينا سعادة الجنرال كسطلان
ان جعل لنا مجمعا جمع بيه العساكر وذالك المحل
خارج البلاد فى غاية الاتساع وكان بعث لنا شرذمة
من خيالة وكراريس ركبنا بيها وساروا بنا الى ذالك
المحل فلما وصلنا انزلنــا فى موضع مرتفع لنرى
جميع ما يبفع وامراهــل المدابــع والخيالة والعساكر
المتدرع بالحديـــد وغيره مما لاياتى عليه الحصر وفد
راينـــا للعساكـــر فى ذالك اليوم ما لم فرط من رى
المداوــع والضرب بالسيوف والرمى بالبنادق وخبة
تلك العساكر وتدريبهم وخدمتهم وترتيبهم وذالك

من أعجب ماراينا ودام ذالك اللعب من وقت الزوال
الى عشية ذالك اليوم وبعد الفراغ دخلنا المدينة مع
سعادة واليها المذكور الى داره فودعناه وبتنا ليلتنا
وشرعنا فى التوجه الى مرسيلية فصدناها يوم احدى
وعشرين من مايو في مركب الدخان في النهر الى
بلدة اوينيوا بالقرب من مرسيلية وركبنا في كروسة
دخان ودخلنا مرسيليسة في يوم ٢٢ من مايو
افمنا بها اياما وروجدناها من احسن المدن عمارة وتجارة
واسعة ذات اتجار وبساتين ومرسى في غاية الوسع
والترصيص والتنظيم مملوة بالسفن وبرح هلها بنا
برحا شديدا ثم خرجنا منها فاصدين مدنية للجزاير
يوم ٢٥ من مايو في مركب الدخان في الجسر المالح
ودخلنا الجزاير يوم الخميس السابع والعشرين من مايو
وجدنا ثغرها مملوا بالاحباب منتظرين فدومنا ثم
نزلنا من المركب واسترحنا وفي الغد فصدنا بالزيارة
السيد الجنرال راندون والى الجزاير واستكثرنا خيره
وشكرنا سعيه حيث كان هو المتسبب في نعمتنا اسعدد
الله بمنه ءامين ۞

———————————